Menas

Grace Hansen

capstone
www.mycapstone.com

Abdo Kids
¡SÚPER GEOLOGÍA!

Spanish Translator: Maria Puchol

Photo Credits: iStock, Shutterstock

Production Contributors: Teddy Borth, Jennie Forsberg, Grace Hansen

Design Contributors: Laura Rask, Dorothy Toth

Library of Congress Cataloging-in-Publication Data

Cataloging-in-publication information is on file with the Library of Congress.

ISBN 978-1-4966-0681-5 (paperback)

Printed in the United States of America, North Mankato, Minnesota.
092015 009221CGS16

Contenido

¿Qué son las menas?

Las menas son formaciones naturales de rocas. Estas rocas tienen metal en su interior.

oro

Formación de las menas

Las menas se forman a partir de **minerales**. Algunos minerales se forman al enfriarse el **magma**. El magma está bajo tierra.

El **magma** se endurece cuando se enfría. A veces se enfría lentamente. Esto crea **minerales** más grandes.

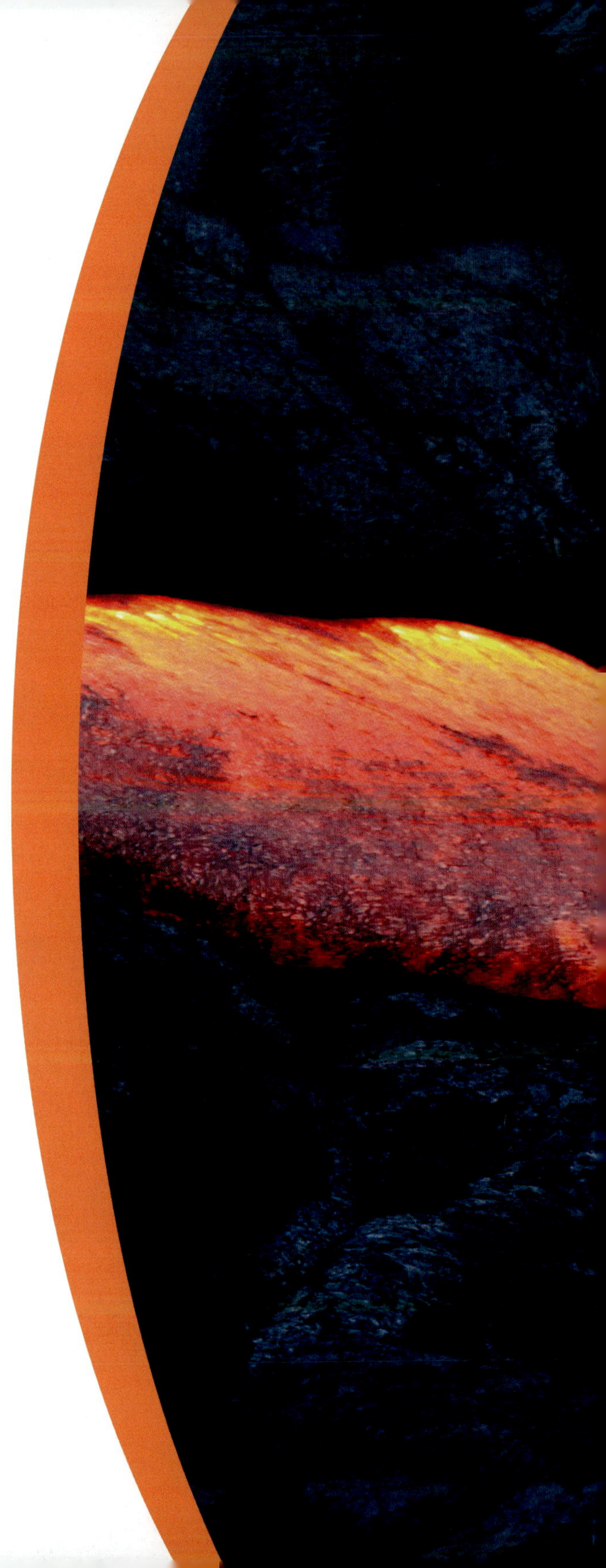

El agua puede formar menas también. El agua contiene **minerales**. El agua penetra en las grietas de las rocas. Deja minerales en ellas.

El agua también rompe las rocas y desplaza las partes rotas a otros lugares. Éstos son los llamados depósitos de sedimentación.

Caperlan

El uso de las menas

Extraemos minerales de las menas. Usamos las menas por el metal que contienen.

Usamos metales todos los días. El aluminio se saca de una mena. Es ligero. Lo usamos para hacer aviones.

El hierro se saca de una mena. Es resistente. Lo usamos para hacer acero. El acero se usa para la construcción de edificios.

El cobre se saca de una mena. El cobre es un buen **conductor**. Lo usamos en los cableados eléctricos.

Tipos de menas

bauxita

cobre

oro

casiterita

galena

pirrotita

cinabrio

hematita

rutilo

Glosario

conductor – objeto que permite el paso de la electricidad o el calor.

extraer minerales – excavar en la tierra en busca de minerales.

magma – roca fundida en el interior o en la superficie de la Tierra. Las rocas ígneas se forman del magma. Éste se convierte en lava cuando llega a la superficie de la Tierra.

mineral – sustancia (como la sal) que se forma de manera natural bajo tierra. Forma parte de las rocas y de otros elementos de la naturaleza.

Índice